Christian Roos

Fedor Tjutčevs "Silentium!" - Eine Analyse des Welt- und Menschenbildes

GRIN Verlag

Bibliografische Information der Deutschen Nationalbibliothek:

Die Deutsche Bibliothek verzeichnet diese Publikation in der Deutschen National-
bibliografie; detaillierte bibliografische Daten sind im Internet über http://dnb.d-
nb.de/ abrufbar.

Impressum:

Copyright © 2011 GRIN Verlag GmbH
Druck und Bindung: Books on Demand GmbH, Norderstedt Germany
ISBN: 978-3-640-93676-2

Dieses Buch bei GRIN:

http://www.grin.com/de/e-book/173441/fedor-tjutcevs-silentium-eine-analyse-des-
welt-und-menschenbildes

GRIN - Your knowledge has value

Der GRIN Verlag publiziert seit 1998 wissenschaftliche Arbeiten von Studenten, Hochschullehrern und anderen Akademikern als eBook und gedrucktes Buch. Die Verlagswebsite www.grin.com ist die ideale Plattform zur Veröffentlichung von Hausarbeiten, Abschlussarbeiten, wissenschaftlichen Aufsätzen, Dissertationen und Fachbüchern.

Besuchen Sie uns im Internet:

http://www.grin.com/

http://www.facebook.com/grincom

http://www.twitter.com/grin_com

Universität Leipzig
Institut für Slavistik
Modul: 04-888-1005 Russische Literatur
Seminar: Analyse und Interpretation literarischer Texte
Wintersemester 2010/2011

UNIVERSITÄT LEIPZIG

TJUTČHEVS *SILENTIUM!* -
Eine Analyse des Welt- und Menschenbildes

Hausarbeit

Christian Roos

B.A. Kommunikations- und Medienwissenschaft
3. Fachsemester

Abgabe: 25.01.2011

Inhaltsverzeichnis

0 Einleitung

„Jede feste Gestalt, jeder eindeutige Gedanke, jedes ausgesprochene Wort kam ihnen als tot und verlogen vor."[1] Bereits in diesem Ausspruch von Kirill Pigarev wird das Wissen um das Spannungsverhältnis zwischen Gedanken und Worten deutlich. In der Lyrik der russischen Romantik war das Misstrauen gegenüber der Sprache ein wichtiges lyrisches Motiv und zugleich insbesondere bei den Symbolisten ein zentraler Bestandteil.

Diese Thematik findet sich auch in Fedor Tjutčevs Gedicht *Silentium!* als ein bedeutender Schwerpunkt wieder. Keineswegs vermag in *Silentium!* ein anderer Vers als „Der ausgesprochene Gedanke ist Lüge" (II, 4) die Problematik in stilistischer und inhaltlicher Form prägnanter festzuhalten. Diesem Vers erfuhr auch künftig noch eine tragende Rolle, denn er entwickelte sich zum Leitspruch der russischen Symbolisten und könnte zudem auch den Titel von Tjutčevs Lebenswerk schmücken.

Deshalb wirft sich die Frage auf, inwiefern in *Silentium!* die Problematik der Sprachskepsis und -kritik verarbeitet wurde und wie sich diese auf das Welt- und Menschenwelt auswirkt. Eine Analyse, die sich am Interpretationsschema von Prof. Dr. Birgit Harreß orientieren wird, soll darüber Aufschluss geben.

Im ersten Kapitel gilt es, kritisch zu untersuchen, wie sich der allgemeine Weltzustand und darüber hinaus die Beziehung zwischen Weltordnung und Weltbewohnern gestaltet. Anschließend soll diese Erkenntnis in eine räumliche und zeitliche Konkretisierung eingeordnet werden.

Im zweiten Teil wird unter anderem herauszustellen sein, wie sich die existentielle sowie soziale Verfassung des lyrischen Ichs in die Figurenkonzeption eingliedern. Ein weiteres Ziel besteht darin, zu analysieren, ob und inwieweit das lyrische Ich beispielsweise hinsichtlich körperlicher oder sexueller Gestaltung als lyrische Figur charakterisiert werden kann. Interessant erscheint zudem, eine Figurenperspektivierung unter den Aspekten der Kommunikation, Beziehung zu Raum und Zeit sowie Perspektivierung der lyrischen Haltung vorzunehmen.

In der Gesamtheit soll die Analyse des Welt- und Menschenbildes in Tjutčevs *Silentium!* einen differenzierten Standpunkt zur Thematik ermöglichen und exemplarisch darstellen, welche enorme Bedeutung diesem Gedicht innerhalb der philosophischen Naturlyrik, der Betrachtung von Sprachskepsis und -kritik, der Epoche der Romantik, der Symbolistenbewegung sowie der gesamten russischen Lyrik widerfährt.

---

[1] Hauser, Arnold: Sozialgeschichte der Kunst und Literatur. München: C. H. Beck Verl. 1990, S. 703.

1 Das Weltbild

Die vorherrschende Weltordnung in Tjutčevs Gedicht *Silentium!* soll im Folgenden analysiert werden. Dabei wird insbesondere auf die Beziehung beziehungsweise den Antagonismus zwischen Chaos und Kosmos einzugehen sein. Des Weiteren gilt es auch das Weltbild in einem räumlichen und zeitlichen Rahmen zu konkretisieren und dessen Besonderheiten in den Gesamtkontext einzuordnen.

1.1 Allgemeiner Weltzustand

Die gründliche Analyse offenbart, dass es sich beim Weltbild um eine Polarität zwischen Chaos und Kosmos handelt. Besonders deutlich wird dieses konzentrierte Spannungsverhältnis an vielen Gegensatzpaaren wie beispielsweise „Tag[ ]" (III, 5) und „Nacht" (I, 5) oder „Empfangendes und Schöpferisches"[2].

Dieser Zustand des Dualismus ermöglicht zudem eine Kollision. Kennzeichnend dafür ist das Reiben des lyrischen Ichs an den beherrschenden Verhältnissen der Welt.

In diesem Zusammenhang wird deutlich, dass das Chaos in der Natur beruht. Das Warten auf den Schöpfer steht im Mittelpunkt, um dadurch den Weg ins Leben zu ebnen. Hingegen findet der Kosmos seinen Ursprung im Wort. Durch dieses erfährt die materielle Vielfalt den Weg ins Diesseits und kann somit zur Schöpfung gelangen. Die zentrale Aufgabe des Menschen besteht darin, dass Chaos und Kosmos im Inneren erfahrbar und begreifbar werden zu lassen. Dieser Weg findet eine enorme Wirkung auf die Menschen. Einzig diese Form kann die Gegensätze und zugleich den Menschen als Ganzes vereinigen.[3]

Insbesondere in der Romantik, zu dessen Vertretern auch Tjutčev zählt, wird die menschliche Seele als ein Mikrokosmos betrachtet. Dieser Mikrokosmos ist wiederum in einem Makrokosmos platziert, denn auch die menschliche Seele ist wie das Weltall unendlich und nahezu unerforscht. Weiterhin zeigt *Silentium!* auch den Gegensatz zwischen vergänglichen Taten des Menschen und dem Ewigkeitscharakter der Natur auf; somit also auch das Verhältnis von Materie und Geist[4]. Die Motive des stillen Einkehr und der geistigen Einsamkeit wie zum Beispiel „[s]chweig, verbirg und halte [dich] geheim" (I, 1) oder „[v]erstehe nur in dir selbst zu leben" (III, 1) verdeutlichen, dass der Mensch einzig so zu höherer Erkenntnis gelangen kann.

---

[2] Harreß, Birgit: Fedor Tjutčev. Silentium! In: Zelinsky, Bodo (Hrsg.): Die russische Lyrik. Köln, Weimar; Wien: Böhlau Verl. 2002, S. 110.
[3] Vgl. ebd.
[4] Vgl. Waegemans, Emmanuel (Hrsg.): Geschichte der russischen Literatur. Von Peter dem Großen bis zur Gegenwart. Konstanz: UVK Universitätsverlag Konstanz 1998, S. 111.

Daran schließt auch die zentrale Idee des Gedichtes an. Es handelt sich um den pantheistischen Monismus. Demnach sei Gott mit Kosmos und Natur vereinigt und somit auch im Inneren des Menschen anzutreffen. Allerdings offenbart die pantheistische Verbundenheit zwischen Mensch und Natur auch die Kurzlebigkeit des Zustandes, da Harmonie und Zwietracht zugleich existieren.[5]

1.1 Räumliche und zeitliche Konkretisierung

Inhaltlich lassen sich im Gedicht *Silentium!* (1831) keine genaueren Hinweise auf eine zeitliche Konkretisierung feststellen. Allerdings ist eine literaturgeschichtliche Einordnung in die Epoche des späten Idealismus möglich, welcher von einem neuen Materialismus abgelöst wird. Im Mittelpunkt steht ein allein vom Bewusstsein gesteuerter Mensch, dessen Intention es ist, „alles zu erklären [und somit] das Mysterium des Seins zu erfahren"[6]. Räumlich gesehen, ist das Geschehen unverkennbar in der Natur beheimatet. Deutlich wird diese Tatsache unter anderem an der „Tiefe der Seele" (I, 3), die mit der „Nacht" (I, 5) gleichgesetzt wird. Diese unendliche Tiefe der Seele offenbart „eine ganze Welt [g]eheimnisvoll-wunderbarer Gedanken" (III, 2-3). Einzig in dieser kann der Mensch sein ganzes Sein entfalten sowie die „Schönheit [des Lebens, der] Liebe und geistige[n] Nahrung"[7] erfahren. Weiterhin könnten die „Gefühle und Träume" (I, 2) die Sterne in der nächtlichen Umgebung symbolisieren. Insbesondere die Nachtlandschaft ermöglicht es, „die tiefen Geheimnisse des Seins zu erkennen"[8].

Allerdings stehen die Innen- und Außenwelt in einem oppositionellen Verhältnis.

Die Innenwelt vermittelt die Vorstellung einer natürlichen Ordnung, welche mit der nächtlichen Natur im Einklang steht. Das lyrische Ich fordert mittels einer Personifikation dazu auf, die „Gefühle und Träume […] [a]uf und niedergehen [zu lassen] wie Sterne in der Nacht" (I, 2-5) und verdeutlicht damit, dass dieser Vorgang auch in der Tiefe der menschlichen Seele wiederzufinden ist.[9]

Dahingegen wird die Innenwelt durch „Lärm von außen" (III, 4) und „Strahlen des Lichts" (III, 5), demnach einer schrillen und grellen Außenwelt bedroht. Die Erfassung der menschlichen Innenwelt wird durch diese negativen Vorgänge erheblich erschwert. Weiterhin steht die Existenz des Tages für den Bereich des Alltäglichen im Leben.

[5] Vgl. Waegemans, Emmanuel 1998, S. 110.
[6] Harreß, Birgit 2002, S. 112.
[7] Ebd.
[8] Kasack, Wolfgang (Hrsg.): Hauptwerke der russischen Literatur. Einzeldarstellungen und Interpretationen. München: Kindler Verl. 1997, S. 270.
[9] Vgl. Harreß, Birgit 2002 S. 112.

Das Tageslicht versucht die Aufmerksamkeit des nach Erkenntnis strebenden Menschen zu bekommen; doch nur durch den Entzug vom Licht kann der Mensch zu einem Prozess des Erkenntnisfindens gelangen[10]. Insbesondere die Bezugnahme auf die Lichtmetaphorik unterstreicht den philosophischen Charakter von *Silentium!*.

Es muss jedoch festgehalten werden, dass diese Begebenheiten zeitlich und räumlich nicht weiter konkretisiert sind und aufgrund dieser Tatsache beinahe überall anzutreffen sind.

2 Das Menschenbild

Bei der Analyse des Menschenbildes erhält vor allem die Betrachtung der Figurenkonzeption, -charakterisierung und -perspektivierung entscheidende Priorität.

Zu Beginn wird der Fokus auf die existentielle und soziale Verfassung gelegt, um die inhaltlichen Besonderheiten der Figurenkonzeption zu ermitteln. Dabei sollen unter anderem die Fragen geklärt werden, welchen Sinn das lyrische Ich seinem Leben gibt, ob Beziehungen zu anderen Figuren oder eine Übereinstimmung mit der Weltordnung vorliegen.

Daran schließt sich die Figurencharakterisierung. In diesem Zusammenhang wird zu untersuchen sein, ob äußere Erscheinungsmerkmale des lyrischen Ichs erkennbar sind.

Den letzten Analysepunkt nimmt die Figurenperspektivierung ein, bei der insbesondere die Spezifika der Kommunikation, Beziehung von Raum und Zeit und die Perspektivierung durch die lyrische Haltung intensiver betrachtet werden.

2.1 Figurenkonzeption

Bei der Betrachtung der existentiellen Verfassung des lyrischen Subjektes fällt vor allem die Forderung zur Abkehr von der Außenwelt auf. Dieser Eindruck wird durch die Aussage „Verstehe nur in dir selbst zu leben" (III, 1) unterstützt, denn das Individuum soll seinen tiefsten und innigsten Seelenzuständen Ausdruck verleihen, um somit Schutz vor der harten Außenwelt aufzubauen.

Das lyrische Ich ist kein Sprecher, das auf der Suche nach der Wahrhaftigkeit ist; vielmehr weiß es beide Welten einzuschätzen[11]. Die negativen Eigenschaften der Außenwelt werden nur kurz abgehandelt. Dagegen wird die Innenwelt umso intensiver beleuchtet, da sich der Mensch dort frei und ungestört entfalten kann.

Es ist der Ort, „wo Fühlen und Denken noch ungeschieden beieinander lagern"[12] und „wo die

---

[10] Vgl. Parallelen zu Platons „Zwei-Welten-Theorie".
[11] Vgl. Harreß, Birgit 2002, S. 113.
[12] Zelinsky, Bodo (Hrsg.): Russische Romantik. Köln; Weimar; Wien: Böhlau Verl. 1975, S. 246 f.

Sprache die Ideen noch nicht erfa[ss]t hat"[13]. An dieser Stelle wird bereits die Sprachskepsis und -kritik Tjutčhevs klar, die er insbesondere als Vertreter des Symbolismus vertritt.

Der Sitz der menschlichen Seele befindet sich im Abgrund und im Chaos, in „etwas unerforschlich Dunkle[n] und Angsteinflößende[n]"[14]. Aus diesem Grund findet dort auch die Sprache keinen passenden Platz. Das lyrische Ich sieht die Lösung der Problematik im Schweigen.[15]

Zudem greift das lyrische Ich die Möglichkeiten des sich Mitteilens in den drei aufeinander folgenden rhetorischen Fragen „Wie soll sich das Herz äußern? Wie soll ein anderer dich verstehen? Wird er verstehen, wovon du lebst?" (I, 1-3) auf, die in Form einer Klimax angeordnet sind. Mit der ersten rhetorischen Frage wird das Wissen um das Scheitern des einfachen Versuches thematisiert. Das lyrische Ich äußert in der zweiten Frage das Wissen um die Kluft zwischen dem Fühlen und Gesagten, welche einen Abgrund zwischen den Menschen bewirken kann[16]. Die letzte Frage deutet auf den Verstehensvorgang, demnach das Ergreifen des Wesentlichen hin.

Doch das Wesen des Menschen kann durch das Wort nicht ausgedrückt werden, denn „[d]er ausgesprochene Gedanke ist Lüge" (II, 4); das heißt, er ist unvollkommen und unvollständig. Dieser Satz stellt die Mitte und zugleich den Höhepunkte dar, denn die sehr starke Sinn- und Sprachdichte, die sich Wort für Wort steigert, gibt Antwort auf die rhetorischen Fragen.

Der Mensch ist somit nur in der Lage, die Innenwelt wahrzunehmen, „wenn er die Wirklichkeit der Außenwelt hinter sich lä[ss]t"[17]. Die beste Möglichkeit dies umzusetzen, ist der Sprachverzicht, denn allein der Versuch, sich zu offenbaren, gerät zur Lüge und somit bleibt die Wahrheit verborgen. Es lässt sich deshalb festhalten, dass die Sprache nicht in der Lage ist, das gesamte Wesen des Menschen zu erfassen.

Bereits der lateinische Titel *Silentium!* gibt ein Indiz zur Stille und Lautlosigkeit, welches durch das Ausrufezeichen, den viermaligen Imperativ „Schweig" (I, 1; 1, 6; II, 6; III, 6) und die Eckstellung von „molči" im Gedicht unterstützt wird. Somit ist sowohl ein Titel-Text-Bezug als auch eine Übereinstimmung mit dem Weltbild festzustellen.

In der sozialen Verfassung des lyrischen Ichs zeigt sich, dass es dem Menschen Empfehlungen ausspricht, wie beispielsweise eine empfangende Haltung anzunehmen.

Der Mensch soll sich nicht verstecken, sondern seinen Gefühlen und Träumen, demnach das Stadium vor der Sprache zulassen.

---

[13] Harreß, Birgit 2002, S. 113.
[14] Stender-Petersen, Adolf: Geschichte der russischen Literatur. München: C. H. Beck Verl. 1993, Teil II, S. 312.
[15] Vgl. Kasack, Wolfgang 1997, S. 270.
[16] Vgl. Zelinsky, Bodo 1975, S. 245 f.
[17] Harreß, Birgit 2002, S. 113.

Diese unbedingte Hingabe an das Innere zeigt sich auch in den drei aufeinanderfolgenden Aspekten „[l]jubujsja" (I, 6) „[p]itajsja" (II, 6) „[v]nimaj" (III, 6), die zum Genießen, sich Nähren und Lauschen aufrufen und ebenfalls einen geschlossenen Charakter erhalten, da sie jeweils im Schlussvers jeder Strophe platziert sind.

2.2 Figurencharakterisierung

Im Gedicht *Silentium!* nimmt ein lyrisches Ich die zentrale Rolle ein, ohne dabei eine offenkundige Namensbestimmung zu erfahren. Weiterhin werden auch keine näheren körperlichen oder sexuellen Beschreibungen vorgenommen, die auf ein genaueres äußeres Erscheinungsbild schließen lassen könnten. Allerdings ist dieser Fakt nicht ausschlaggebend für den inhaltlichen Fortgang.

Vielmehr steht die emotionale Basis im Vordergrund, denn dem lyrischen Ich kommt ein sehr zerbrechlicher, intimer, sehnsuchtsvoller, ja romantischer Charakter zu, ohne jedoch einen allgemeingültigen Charakter zu verlieren. Auch die Kleidung wird nicht thematisiert; spielt aber somit auch keine entscheidende Rolle.

2.3 Figurenperspektivierung

2.3.1 Kommunikation

Gemäß dem inhaltlichen Kern des Gedichtes gibt es keinen Dialog oder Monolog im eigentlichen Sinn, denn das Thema Schweigen spielt die zentrale Rolle. Das Schweigen könnte zudem als eine Barriere zwischen den Gefühlen der Innenwelt und der außenliegenden Umwelt gedeutet werden.

Dies bedeutet jedoch keinesfalls einen Abbruch von Rede[18], sondern ist vielmehr im Zusammenhang mit der Aufforderung des lyrischen Ichs in Form der Klimax zum „Schweig[en], [sich Verbergen] und [geheim Halten]" (I, 1-2) zu verstehen.

In seiner Funktion als Sprecher fungiert das lyrische Ich nicht befehlend, sondern vielmehr nimmt es eine lyrische Ansprechhaltung ein und unterlässt zudem auch eine zu persönlich wirkende „Ich"-Ansprache. Dennoch verdeutlichen die gehäuft auftretenden Imperative wie beispielsweise „Schweig" (I, 1; I, 6; II, 6, III, 6) ein nachdrückliches Anliegen des lyrischen Ichs.

Unklar bleibt jedoch, wer dazu animiert werden soll, sich an seiner Haltung zu orientieren. Es könnten Nahestehende oder völlig Fremde sein; auch die geschlechtliche Bestimmung bleibt

---

[18] Vgl. Harreß, Birgit 2002, S. 113.

undefiniert und somit der Interpretation des Lesers überlassen.[19]

Hingegen nimmt die Ansprache in der zweiten Person Singular wie z.b. „Wenn du die Quellen aufgräbst, wirst du sie aufwühlen, - [n]ähre dich ihnen - und schweig" (II, 5-6) Distanz, vermittelt dem Leser sogar eine vertraute Atmosphäre und „evoziert [eine gewisse] Nähe"[20].

An dieser Stelle kann festgehalten werden, dass die Ansprechhaltung des lyrischen Ichs einige Interpretationen offen lässt, denn eine bewusste individuelle Ansprache bleibt aus. Beispielsweise könnte somit ein Leser angesprochen sein, „der an dieser Problematik interessiert ist"[21]. Allerdings ist auch eine persönliche Ansprache des lyrischen Ichs in Form eines Selbstgespräches denkbar, das sich so versucht, zu äußern. Eine Objektivierung dessen könnte ein Appell zum Innehalten und zum Entdecken der eigenen Seele sein, die „eine ganze Welt [g]eiheimnisvoll-wunderbarer Gedanken" (III, 2-3) birgt.[22]

2.3.2 Beziehung zu Raum und Zeit

In *Silentium!* sind nur Nennungen von Naturerscheinungen wie beispielsweise „Sterne" (I, 5), „Nacht" (I, 5) oder „Tag[ ]" (III, 5), aber keine detaillierte Beschreibung derer zu erkennen. Vielmehr stehen Gefühle im Vordergrund. Allein das bewusste Erleben der Natur ermöglicht diese romantischen Gefühle und bringt sie zum Vorschein. Es lässt den Leser erahnen, welche bedeutende Rolle das Gefühlsempfinden spielt, um den Reichtum der Innenwelt selbst erfahren zu können.

Obwohl landschaftliche Eigenarten nicht präziser beschrieben werden, kann die Natur als ein wichtiges Leitmotiv in Tjutčevs Lyrik vermerkt werden. Auch die literarischen Mitstreiter seiner Zeit sahen in Tjutčev „den Dichter der Natur, weil in der russischen Literatur vor ihm die Natur noch nie eine so große, grundsätzliche Rolle gespielt hatte"[23].

Insbesondere die nächtliche Natur birgt enorme Kräfte in sich, da sie die tiefsten Geheimnisse des menschlichen Seins in sich trägt. Somit wird „[d]ie Nacht [zu einem] abgründige[n] Element, in dem das Chaos hervorbricht"[24], denn das Chaos beheimatet die menschliche Seele. Wiederum trägt die Seele die Gesamtheit aller „Gefühle und Träume" (I, 2) in sich. Ferner deutet die Wiederholung der Stilistik in Form des romantischen Motivs von „Sterne[n] in der Nacht" (I, 5) sowie den negativ konnotierten „Strahlen des Tages" (III, 5) auf eine

---

[19] Vgl. Harreß, Birgit 2002, S. 113 f.
[20] Harreß, Birgit 2002, S. 114.
[21] Ebd.
[22] Vgl. ebd.
[23] Waegemans, Emmanuel 1998, S. 112.
[24] Lauer, Reinhard (Hrsg.): Geschichte der russischen Literatur. München: C. H. Beck Verl. 2000, S. 310.

Verbindung zwischen den Naturerscheinungen hin, indem die Eingangs- und Schlussstrophe aufeinander verweisen.[25]

Diese Besonderheit bildet einen bildlichen Rahmen und erklärt dadurch sehr anschaulich, dass sich die unterschiedlichen Einflüsse des Nacht- und Tagbildes auf die menschliche Seele auswirken und somit einen Gegensatz verkörpern.

2.3.3 Perspektivierung durch lyrische Haltung

Tjutčevs Gedicht *Silentium!* ist eindeutig der lyrischen Gattung zuzuordnen, bei der die Problematik mithilfe der Lyrik in Versform beschrieben wird. Dabei kann der Leser direkt angedeutete Schlüsse durch den Appellcharakter des lyrischen Ichs ziehen. Zugleich finden sich jedoch auch indirekte Schlüsse wieder, die mithilfe rhetorischer Fragen wie beispielsweise der Metapher „Wie soll das Herz sich äußern?" (II, 1) angedeutet werden. Im Laufe der Handlung schließen sich Erklärungsversuche an, um Antwortmöglichkeiten für den Leser anzubieten. Schlussfolgernd sind somit Schlüsse bezüglich der Haltung des lyrischen Ichs für den Leser möglich.

Nicht zuletzt die Wahl des Titels *Silentium!*, nicht etwa in Tjutčevs russischer Muttersprache, sondern im universellen Latein, zeugt von der Intention, den lyrischen Text einem breiten Publikum zugänglich machen zu wollen. Zudem unterstreicht das Ausrufezeichen hinter dem Titel *Silentium!* den imperativen Charakter des Gedichtes und verstärkt dadurch den „Ausdruck keines befehlenden, wohl aber eines überzeugten und überzeugenwollenden [lyrischen] Ichs"[26].

---

[25] Vgl. Zelinsky, Bodo 1975, S. 242.
[26] Zelinsky, Bodo 1975, S. 243.

3 Synthese

Unter der Problemstellung „Tjutčevs *Silentium!* - Eine Analyse des Welt- und Menschenbildes" erfolgte die wissenschaftliche Auseinandersetzung mit der Thematik. Es zeigte sich deutlich, dass sich das Gedicht *Silentium!* hinsichtlich seiner thematischen Beschaffenheit sehr komplex, vielschichtig und nicht minder aktuell erweist.

Ein zentraler Gedanke ist die Sprachskepsis und -kritik, die eindringlich geäußert wird und den wohl prägnantesten Moment im Vers „Der ausgesprochene Gedanke ist Lüge" (II, 4) findet. Das lyrische Ich vermittelt dem Leser in einer vertraut anmutenden „Du"-Ansprache, dass die Sprache nicht in der Lage ist, um das auszudrücken, was der Mensch denkt oder fühlt. Hingegen wirkt die Tatsache, dass selbst Tjutčev die Sprache und somit auch Worte zur Umsetzung seiner lyrischen Botschaft verwendet, wiederum etwas paradox.

Außerdem wird beispielsweise die Selbstreflexion, die Forderung zur Selbstfindung oder die Hoffnung, mit Hilfe einer meditativen Form zu seiner eigenen Innenwelt zu gelangen, thematisiert. Sicher spielen auch der Umgang des Menschen mit der Natur, der Kontaktaufbau mit einer gottesähnlichen Figur oder dem gegenseitigen Verständnis der Menschen untereinander eine thematische Nebenrolle.

Die Stimmung des Gedichtes wirkt auf den Leser eher energisch und appellierend, obwohl bereits der Titel *Silentium!* in der universellen Sprache Latein auf das Thema Ruhe anspielt. Dennoch ist dem Gedicht als charakteristisches Merkmal eine tragisch-pessimistische Grundhaltung wahrscheinlich zugleich nicht abzusprechen.

Bei der Analyse des Weltbildes wurde insbesondere das Spannungsverhältnis zwischen Chaos und Kosmos sowie die pantheistische Verbundenheit zwischen Mensch und Natur ersichtlich. Ebenfalls schließt sich daran auch das oppositionelle Verhältnis zwischen Innen- und Außenwelt an, da die im Einklang mit der Natur stehende Innenwelt der ständigen Gefahr ausgesetzt ist, durch die laute und grelle Außenwelt zerstört zu werden.

Des Weiteren konnte durch die Analyse des Menschenbildes unter anderem ermittelt werden, dass ein selbstreflektiertes Ich dem Leser mit eingängigen Imperativen, somit in einer appellierenden Form, insbesondere die Botschaft der Stille und das Ausdrücken innigster Gefühlszustände nahe legt. Dabei muss jedoch betont werden, dass innerhalb einer kommunikativen Form einzig die Stille und das Schweigen die passende Form darstellen und aus diesem Grund die menschliche Sprache ungeeignet ist.

Anhand der geführten Analyse kann daher zugestimmt werden, dass Tjutčevs *Silentium!* eine enorme Relevanz nicht abzusprechen ist - sowohl als Vertreter der philosophischen Naturlyrik und romantischen Lyrik sowie zugleich als Impulsgeber für den russischen Symbolismus.

5 Literaturverzeichnis

Harreß, Birgit: Fedor Tjutčev. Silentium! In: Zelinsky, Bodo (Hrsg.): Die russische Lyrik. Köln; Weimar; Wien: Böhlau Verl. 2002, S. 110–115.

Hauser, Arnold: Sozialgeschichte der Kunst und Literatur. München: C. H. Beck Verl. 1990.

Kasack, Wolfgang (Hrsg.): Hauptwerke der russischen Literatur. Einzeldarstellungen und Interpretationen. München: Kindler Verl. 1997.

Lauer, Reinhard (Hrsg.): Geschichte der russischen Literatur. Sonderausg. München: C. H. Beck Verl. 2000.

Stender-Petersen, Adolf: Geschichte der russischen Literatur. 5. Aufl. München: C. H. Beck Verl. 1993.

Waegemans, Emmanuel (Hrsg.): Geschichte der russischen Literatur. Von Peter dem Großen bis zur Gegenwart. Konstanz: UVK Universitätsverlag Konstanz 1998.

Zelinsky, Bodo (Hrsg.): Russische Romantik. Köln; Weimar; Wien: Böhlau 1975.